Olivier SUPIOT

tatoo

MILAN
jeunesse

À Tamara

À ma grand-mère et à ma famille, à Vavale, la copine des chats

À Tarzan et ses parents

À Fred

Merci Salomé....

Du même auteur

AUX ÉDITIONS GLÉNAT

- Marie Frisson
  avec Éric Baptizat-Tehem
  7 volumes

- Le Dérisoire
  avec Éric Omond

- Féroce
  avec Éric Omond

AUX ÉDITIONS LE CYCLISTE

- Erzurum
  avec Olivier Martin

AUX ÉDITIONS PETIT A PETIT

- Poèmes de Baudelaire
  collectif

AUX ÉDITIONS TOUCAN JEUNESSE

- Marie Frisson et la Fabrikamonstre

- Marie Frisson et le congrès des sorcières

- Le Pro des Dinos

- Le Pro des Robots
  avec Tony Emeriau

AUX ÉDITIONS VENTS D'OUEST

- Les aventures oubliées du baron de Munchhausen
  3 volumes

Dépôt légal : 3e trimestre 2008
ISBN : 978-2-7459-3417-8
Imprimé en France - L47895C

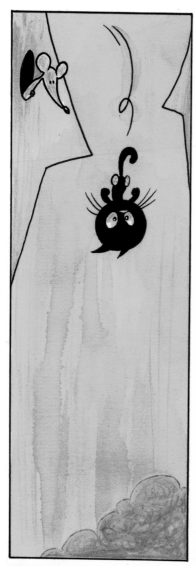

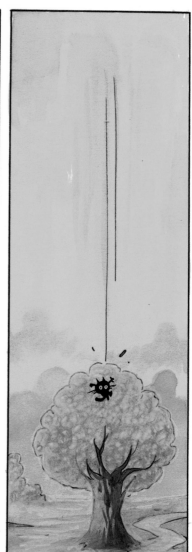

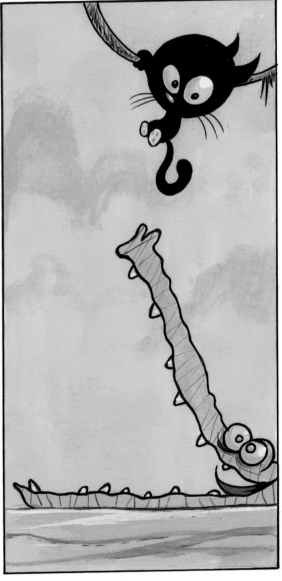

Retrouve les quatre animaux
cachés dans ce décor.